Spielen ist wunderbar! Die Kleinen lieben es, spielerisch neue Dinge kennenzulernen, Verhaltensweisen auszuprobieren oder erworbenes Wissen anzuwenden. Dabei ist ihre Fantasie scheinbar unbegrenzt!

Ganz nebenbei lernen Kinder beim Spielen – sie finden heraus wie etwas funktioniert, trainieren motorische Fähigkeiten und bei Rollenspielen auch ihre sozialen Kompetenzen. Spielen fördert die Kreativität. Schon die Kleinsten machen sich mit den verschiedenen Gegenständen vertraut, erfühlen sie und verknüpfen sie mit Ritualen.

Die im Buch gezeigten Modelle bieten Material für unterschiedlichste Spiel-Möglichkeiten, die die Entwicklung der Kleinen fördern. Dafür brauchen sie nur ein wenig Zeit und einen Platz, an dem sie sich in ihr Spiel vertiefen können.

Beschenken Sie Ihre Liebsten mit selbstgenähten Spielsachen, die besonders individuell sind!

Ina Andresen

Spieluhr Stern

Weißt du, wie viel Sternlein stehen …

GRÖSSE
25 cm x 25 cm

MATERIAL
- Baumwollstoff in Grau mit weißen Tupfen, 60 cm x 30 cm
- Filz in Hautfarbe, 1 mm stark, 6 cm x 3 cm
- Ripsband in Grau, 3 mm breit, 50 cm lang
- Spieluhr zum Einnähen, ca. 5,5 cm x 5 cm groß, 3 cm tief
- Füllwatte
- Sticktwist in Rot und Dunkelgrau
- spitze Sticknadel
- farblich passendes Nähgarn

ZUSCHNITT
- Baumwollstoff
  1x den Stern bei doppelter Stofflage
- Filz
  2 Kreise mit ø 1,5 cm

NAHTZUGABEN
- Am Stern rundum 1 cm Nahtzugabe hinzufügen.
- Filzkreise ohne Nahtzugabe schneiden.

SCHNITTMUSTERBOGEN 2A

1 Zuerst das Gesicht auf die rechte Seite eines Sternes übertragen und mit Stickgarn (dreifädig) die Augen mit Plattstichen, den Mund mit Rückstichen sticken. Die Filzkreise als Wangen aufstecken und mit Handstichen mit Überwendlingsstichen rundum festnähen.

2 Den bestickten Stern mit der rechten Seite nach oben auf die Arbeitsfläche legen. 30 cm Ripsband zur Schlaufe legen und auf die obere Spitze legen, mit den offenen Kanten bündig zur Nahtzugabe. Den zweiten Stern rechts auf rechts auflegen und feststecken. Das restliche Stück Ripsband jetzt auf die linke Seite des oberen Stoffes an die gleiche Spitze stecken. Alle Lagen rundum zusammennähen, die Wendeöffnung auslassen.

3 Die Nahtzugaben an den Spitzen schmal abschneiden, an den Innenecken bis kurz vor die Naht einknipsen, auch im Bereich der Wendeöffnung.

4 Die Spieluhr an dem kurzen Ripsband festknoten, sodass sie mittig auf dem Stern liegt. Den Stern wenden – die Spieluhr liegt nun innen. Den Stern mit Watte ausfüllen, dabei die Spieluhr gut abpolstern.

5 An der Wendeöffnung die Nahtzugaben nach innen falten, das Zugband der Spieluhr in der unteren Mitte herausschauen lassen. Öffnung bis knapp vor das Zugband und knapp dahinter weiter mit Matratzenstichen schließen.

Mein Tipp für Sie

Der Stern sieht auch aus bunt gemustertem Stoff schön aus. Dann das Gesicht evtl. weglassen.

Förderung

Rituale am Abend, wie das Abspielen einer Melodie, erleichtern das Einschlafen.

Greifball

ein Fest für die Baby-Sinne

GRÖSSE
ø 15 cm

MATERIAL
- Baumwollstoffe 1–4, je 40 cm x 20 cm
- waschbare Füllwatte
- farblich passendes Nähgarn

ZUSCHNITT
- Baumwollstoffe 1–4 je 1x den Greifball bei doppelter Stofflage

NAHTZUGABEN
Rundum 1 cm Nahtzugabe hinzufügen.

SCHNITTMUSTER-BOGEN 2A

1 Jeweils zwei gleichfarbige Kreise rechts auf rechts stecken und rundherum zusammennähen, dabei beide Öffnungen auslassen. Die Nahtzugaben rundherum V-förmig einknipsen.

2 Alle Kreise wenden und bügeln, dann kantenbündig aufeinanderlegen. Laut Schnittmarkierung in der Kreismitte einmal über alle Stofflagen steppen.

3 Durch beide Öffnungen der Kreise Watte einschieben, bis der Ball schön ausgefüllt ist. Die Nahtzugaben an den Öffnungen nach innen legen und die Bruchkanten mit Matratzenstichen zusammennähen.

Förderung

Der farbenfrohe Greifball regt die Sinne an und fördert die Motorik. Auch Mund und Lippen kommen zum Einsatz, um die Oberfläche zu untersuchen.

Mein Tipp für Sie

Auch Kleinkinder können mit dem Ball spielen und das Werfen und Fangen damit üben. Durch seine Griffigkeit lässt er sich besonders gut halten/greifen.

Schmusetuch Löwe

Kuscheln mit dem König der Tiere

GRÖSSE
40 cm x 40 cm

MATERIAL
- Musselin in Ocker, 130 cm x 45 cm
- Füllwatte
- Sticktwist in Schwarz
- spitze Sticknadel
- farblich passendes Nähgarn

ZUSCHNITT
- 2x den Kopf
- 2x das Tuch
- 1 Streifen von 65 cm x 12 cm für die Mähne
- 2x die Schnauze

NAHTZUGABEN
- Alle Teile mit 1 cm Nahtzugabe zuschneiden.
- Das Maß für den Streifen beinhaltet 1 cm Nahtzugabe.

SCHNITTMUSTER-BOGEN 2B

Förderung

Schnuffeltücher bieten den Kleinen ein Stück Geborgenheit, indem sie sich etwas damit bedecken können. In Verbindung mit einem Tier können sie hier eine erste kleine emotionale Beziehung aufbauen.

1 Die Schnauzenteile rechts auf rechts stecken und rundherum zusammennähen. Bei einem Schnauzenteil in der Mitte vorsichtig einen kleinen Schlitz einschneiden und die Schnauze durch diese Öffnung wenden. Die Schnauze mit etwas Watte füllen. Die Wendeöffnung mit Überwendlingsstichen schließen.

2 Die Schnauze mit Handstichen mit doppeltem Faden auf der rechten Seite eines Kopfteils sehr gut festnähen. Dafür von unten nach oben durch den Kreis ausstechen, ein Stück Schnauze erfassen und wieder zurückstechen. Mehrmals wiederholen und das Fadenende auf der Unterseite verknoten.

3 Mit dreifädigem Sticktwist die Augen mit Knötchenstichen, den Mund mit Rückstichen sticken.

4 Den Streifen für die Mähne längs rechts auf rechts falten, an den kurzen Kanten füßchenbreit zusammennähen und wenden. Die langen offenen Kanten auf eine Weite von 30 cm kräuseln (siehe hintere Klappe), mit den offenen Kanten bündig auf die rechte Seite eines Kopfteils legen, dabei die Wendeöffnung auslassen (dort ist keine Mähne). Den zweiten Kreis rechts auf rechts darauf feststecken und rundum, bis auf die Wendeöffnung, nähen.

5 Die Nahtzugaben rundum einknipsen, den Kopf wenden und mit etwas Watte füllen.

6 Beide Tuchteile rechts auf rechts legen und rundum zusammennähen, dabei an einer Kante die Wendeöffnung auslassen. Die Nahtzugaben an den Rundungen V-förmig einschneiden. Das Tuch wenden und bügeln.

7 Den Kopf auf die offene Wendeöffnung stecken, alle Nahtzugaben nach innen in das Tuch schieben. Kopf und Tuch mit Vorstichen aufeinandernähen, die Wendeöffnung rechts und links vom Kopf mit Matratzenstichen schließen.

8 Die vier Spitzen des Tuches verknoten.

Mein Tipp für Sie

Musselin vorwaschen, da er stark eingeht. Durch das Waschen verstärkt sich die Crinkle-Optik noch etwas. Für den empfindlichen Stoff zum Nähen eine Jersey-Nadel (Stärke 70) verwenden.

Greifling Giraffe

schmiegt sich sanft in kleine Hände

GRÖSSE
10 cm x 20 cm

MATERIAL
- Jersey oder Baumwollstoff, 30 cm x 25 cm
- Baumwollkordel in Weiß, ø 3 mm, 15 cm lang
- 1 Rassel, ø 4 cm, 1 cm hoch
- Sticktwist in Schwarz
- spitze Sticknadel
- waschbare Füllwatte
- farblich passendes Nähgarn

ZUSCHNITT
- Jersey oder Baumwollstoff
  1x die Giraffe bei doppelter Stofflage
- Kordel
  2 Stücke à 7,5 cm

NAHTZUGABEN
An allen Kanten 1 cm Nahtzugabe hinzufügen.

SCHNITTMUSTER-BOGEN 2A

1 Die Augen mit Sticktwist in Schwarz mit Plattstichen sticken.

2 Ein Giraffenteil mit der rechten Seite nach oben auf die Arbeitsfläche legen. Die Kordel halbieren, die Stücke jeweils zu Schlaufen legen und entsprechend der Markierungen im Schnittmuster darauf feststecken. Die Schlaufen zeigen dabei nach innen, die offenen Enden liegen bündig zur Nahtzugabe. Das zweite Giraffenteil rechts auf rechts auflegen und feststecken.

3 Die Giraffe rundherum zusammennähen, die untere gerade Kante als Wendeöffnung auslassen. Die Nahtzugaben an den Rundungen V-förmig einknipsen.

4 Die Giraffe wenden und kuschelig mit Watte ausfüllen, eine Rassel oder Quietsche zwischen die Wattelagen im Kopfbereich schieben.

5 Die Nahtzugaben an der Öffnung nach innen legen und die Bruchkanten mit Matratzenstichen zusammennähen.

Förderung

Der Greifling fühlt sich angenehm an und lässt sich gut fassen, sodass die motorischen Fähigkeiten trainiert werden. Im oberen Bereich befindet sich eine Rassel, die beim Spielen zu hören ist. Die taktilen Sinne werden geschult, wenn Mund und Lippen die Oberfläche untersuchen.

Beißring Wal

... wenn die ersten Zähnchen kommen

GRÖSSE
20 x 10 cm

MATERIAL
- Baumwollstoff in Blau, 35 cm x 15 cm
- Jersey in Weiß mit schwarzen Tupfen, 40 cm x 20 cm
- waschbare Füllwatte
- 1 Holz-Beißring, ø 7 cm
- Sticktwist in Dunkelblau
- spitze Sticknadel
- Kordel in Rot, ø 3 mm, 15 cm lang
- farblich passendes Nähgarn

ZUSCHNITT
- Baumwollstoff
  1x den Walkörper bei doppelter Stofflage
- Jersey
  1x die Flosse bei doppelter Stofflage

NAHTZUGABEN
An allen Kanten 1 cm Nahtzugabe hinzufügen.

SCHNITTMUSTER-BOGEN 2A

Förderung

Die verschiedenen Materialien regen den Tastsinn an, der Beißring tut wachsenden Zähnchen gut.

1 Mit Stickgarn (dreifädig) mit Rückstichen den Mund und mit Plattstichen die Augen auf die Walkörper sticken.

2 Je ein Flossenteil rechts auf rechts auf einen Walkörper stecken – mit den geraden Kanten bündig – an diesen Kanten die Teile zusammennähen.

3 Die Lagen auffalten, Nahtzugaben in den Walkörper bügeln.

4 Kordel halbieren und die Stücke laut Markierung von rechts auf ein Walteil legen und innerhalb der Nahtzugabe anheften.

5 Walteile rechts auf rechts legen, rundherum zusammennähen, dabei die Wendeöffnung auslassen. Über den Kordeln mehrfach hin und her riegeln, damit diese später nicht so leicht ausreißen können. Bei dem Wechsel von Baumwollstoff auf Jersey auf die richtige Sticheinstellung achten. Die Nahtzugaben rundum V-förmig einschneiden, an den Außenecken schmal abschneiden, bei der Innenecke einknipsen.

6 Den Wal wenden, Vorder- und Rückseite an der Naht zwischen Walkörper und Flosse links auf links flach legen und hier im Nahtschatten durchsteppen. Den Walkörper mit Watte ausfüllen. Die Nahtzugaben an der Öffnung nach innen schieben und die Öffnung mit Matratzenstichen schließen.

7 Den Wal mit der Flosse an den Beißring knoten.

Mein Tipp für Sie

Sie können zusätzlich eine Quietsche oder Rassel in den Walkörper einarbeiten oder in die Flosse ein Stück knisternden Bratenschlauch mit einnähen.

Förderung

Die Säckchen lassen sich gut greifen und eignen sich wunderbar für Wurfübungen oder sogar Greifversuche mit den Füßen.

Zielscheibe mit Wurfsäckchen

Zielen, Werfen, Spaß haben!

GRÖSSE

Zielscheibe ø 50 cm

Säckchen 10 cm x 16 cm

MATERIAL ZIELSCHEIBE

- Filz in Blau, 3–4 mm stark, 55 cm x 55 cm
- Baumwollstoff 1 in Weiß mit schwarzen Tupfen, 50 cm x 50 cm
- Baumwollstoff 2 in Dunkelrot, 25 cm x 25 cm
- Vliesofix, 90 cm x 45 cm
- farblich passendes Nähgarn

MATERIAL WURFSÄCKCHEN

- Baumwollstoffe 1–3 in verschiedene Farben-uni, je 25 cm x 20 cm
- Baumwollstoffe 4–6 in verschiedenen Farben-gemustert, je 25 cm x 20 cm
- Polypropylen-Kugeln, waschbar
- 4 Augen zum Aufbügeln, ø 2–3 cm
- farblich passendes Nähgarn

NAHTZUGABEN

An den Teilen für die Zielscheibe wird keine Nahtzugabe benötigt. Die Säckchen-Maße enthalten bereits 1 cm Nahtzugaben.

ZUSCHNITT ZIELSCHEIBE

- Filz
  1 Kreis mit ø 50 cm
- Baumwollstoff 1 und Vliesofix
  je 1 Kreis mit ø 44 cm
- Baumwollstoff 2 und Vliesofix
  je 1 Kreis mit ø 22 cm

ZUSCHNITT WURFSÄCKCHEN

- Baumwollstoffe 1–6
  je 1 Rechteck von 22 cm x 18 cm

Zielscheibe

1 Die Kreise aus Baumwollstoff zum Applizieren vorbereiten (siehe hintere Klappe) und mittig auf den Filzkreis bügeln. Die Außenkanten mit großen Zickzackstichen festnähen.

Wurfsäckchen

1 Zuerst die Augen auf die rechten Seiten der unifarbenen Stoffe bügeln. Dafür die großen Augen mit jeweils 4,5 cm Abstand zur oberen Kante und einer Seitenkante auflegen. Die beiden kleinen Augen mit 4,5 cm Abstand zur oberen Kante, 3,5 cm Abstand zu einer Seitenkante und 2,5 cm Abstand zur Mittellinie (Stoffbruch bei genähtem Modell) legen. Die Augen festbügeln und anschließend zusätzlich mit einige Handstichen fixieren.

2 Die Stoffe an den 18 cm langen Kanten bündig rechts auf rechts falten. Die Rechtecke jeweils an der offenen langen und einer kurzen Kante zusammennähen. Die Nahtzugaben an der genähten Ecke schmal abschneiden.

3 Die Säckchen wenden und mit Polypropylen-Kugeln füllen. Anschließend die Nahtzugaben an den offenen Kanten 1 cm breit nach innen schieben und die Öffnung mit Matratzenstichen oder knappkantig schließen.

Mein Tipp für Sie

Die Säckchen können auch mit Mais oder anderen Körnern gefüllt werden.

Spielmatten

Für Bewegungsfreudige und Baumeister!

GRÖSSE

80 cm x 8 cm x 60 cm
(Breite x Höhe x Tiefe)

MATERIAL (FÜR ZWEI MATTEN)

- Baumwollstoff 1 in Hellgrün, 140 cm x 140 cm
- Baumwollstoff 2 in Hellblau, 140 cm x 140 cm
- 2 Reißverschlüsse, 80 cm lang
- 1 Schaumstoffpolster, 80 cm x 8 cm x 120 cm (Breite x Höhe x Tiefe), in zwei Stücke à 80 cm x 60 cm teilen
- farblich passendes Nähgarn

ZUSCHNITT

- Stoff 1 und Stoff 2
  2 Rechtecke von 62 cm x 82 cm (Ober- und Unterseite)
- 2 Streifen (a) von 82 cm x 7,5 cm (seitlicher Rand mit Reißverschluss)
- 2 Streifen (b) von 72 cm x 10 cm (vorderer/rückwärtiger Rand)

  Hinweis: Die Randstreifen (a) und (b) sind absichtlich kürzer bzw. länger als die exakte Kantenlänge. Der Reißverschluss läuft so über zwei Ecken.
- 1 Streifen (c) von 62 cm x 10 cm (seitlicher Rand)

NAHTZUGABEN

- Die Maße enthalten 1 cm Nahtzugaben, falls nicht anders angegeben.

1 Alle Teile rundherum mit Zickzackstichen versäubern.

2 Für den Reißverschluss die Streifen (a) jeweils an einer Längsseite 2,5 cm breit nach links umbügeln. Dann die Streifen über dem Reißverschluss feststecken und diesen beidseitig verdeckt einnähen, siehe hintere Klappe.

3 Die Randteile an den kurzen Kanten rechts auf rechts zu einem Ring zusammennähen, dabei die Nähte jeweils 1 cm von der Schnittkante entfernt beginnen und 1 cm davor beenden, sodass die Nahtzugaben nicht mitgenäht werden. Auf die richtige Reihenfolge der Streifen achten: seitlicher Rand – vorderer Rand – seitlicher Rand mit Reißverschluss – rückwärtiger Rand.

4 Den Reißverschluss zur Hälfte öffnen. Die Rechtecke aus Stoff 1 oben und unten ringsum rechts auf rechts an die Randteile aus Stoff 2 stecken – jeweils beginnend mit einem seitlichen Randteil. Im Bereich der Ecken mit einer kurzen Stichlänge nähen. An den Ecken ohne Naht in den Randteilen die Nahtzugaben einschneiden. Den Bezug wenden und über den Schaumstoffzuschnitt ziehen.

Förderung

Die Matten eignen sich zum Toben, Springen, darauf Kuscheln, aber auch wunderbar als Baumaterial für Höhlen.

Raupe

... farbenfroher Nimmersatt wächst und wächst!

GRÖSSE
60 cm x 10 cm

MATERIAL
- Baumwollstoffe 1–7 in verschiedenen Gelb-, Grün- und Blautönen, je 30 cm x 15 cm
- Filz in Rot, 1 mm stark, 6 cm x 3 cm
- Volumenvlies zum Aufbügeln H 640, 90 cm x 15 cm
- Klettband in Grün, 2 cm breit, 20 cm lang
- Webband in Rot-Weiß kariert, 1 cm breit, 12 cm lang
- Baumwollband in Grün, 1 cm breit, 20 cm lang
- Augenpaar-Stoffapplikation zum Aufbügeln, ca. 2,6 cm x 3,8 cm
- Sticktwist in Schwarz
- spitze Sticknadel
- farblich passendes Nähgarn

ZUSCHNITT
- Baumwollstoffe 1–7
  je 2 Kreise mit ø 12 cm
- Filz
  2 Kreise mit ø 2,5 cm
- Volumenvlies
  7 Kreise mit ø 12 cm
- Klettband
  6 Stücke à 3 cm
- Karo-Band
  2 Stücke à 12 cm
- Baumwollband
  2 Stücke à 10 cm

NAHTZUGABEN
Die Maße beinhalten 1 cm Nahtzugabe.

1 Für den Kopf auf die rechte Seite eines Stoffkreises mit Stickgarn (dreifädig) mit Rückstichen einen großen Mund sticken.

2 Die Wangen aufstecken und mit Überwendlingsstichen von Hand rundum aufnähen.

3 Die Augen oberhalb des Mundes aufbügeln, zusätzlich mit einigen Überwendlingsstichen von Hand fixieren.

4 Von jedem Stoff einen Kreis nehmen und Volumenvlies auf die linke Seite bügeln.

5 Je zwei Kreise gleichen Stoffes rechts auf rechts stecken. Für das Ende der Raupe bei einem Kreis-Paar die Karobänder zwischen die Stofflagen schieben. Die Kreise rundum zusammennähen, dabei je ein Stück der Naht zum Wenden offenlassen. Die Nahtzugaben V-förmig einknipsen.

6 Alle Kreise wenden. Die Nahtzugaben an den Wendeöffnungen nach innen schieben und die Öffnung mit Matratzenstichen oder knappkantig zunähen. Die Enden der Karobänder verknoten.

7 Bei dem Kopfteil ein Stück Flauschband oberhalb der Augen mit ca. 5 mm Abstand zum Kreisrand auf die Kopfteil-Unterseite legen und rundum knappkantig festnähen. Ein Stück Hakenband bei dem Endteil der Raupe gegenüberliegend zu den Bändern festnähen.

8 Auf alle anderen Kreise je ein Stück Klettband und ein Stück Hakenband auf der Ober- bzw. Unterseite festnähen (gegenüberliegend).

9 An den Baumwollbändern je eine kurze Kante 2x 5 mm breit einschlagen, über den Augen auf das Kopfteil stecken und knappkantig feststeppen. Die offenen Enden verknoten.

Mein Tipp für Sie

Der Mund kann, alternativ zum Sticken, auch mit einem Stoffmalstift aufgemalt werden.

Förderung

Teile mit Klettverschluss zusammensetzen fördert die Feinmotorik.

Werkzeuggürtel

Wer will fleißige Handwerker sehen?

GRÖSSE
Taschen je 18 cm x 24 cm

MATERIAL
- Baumwollstoff 1 in Blau, 70 cm x 50 cm
- Baumwollstoff 2 in Blau-Weiß gestreift, 25 cm x 50 cm
- Vlieseinlage H 250, 25 cm x 50 cm
- Gurtband in Blau, 2,5 cm breit, 85 cm lang
- Gurtband in Rot, 2 cm breit, 24 cm lang
- 1 Steckschließe, 2,5 cm breit
- farblich passendes Nähgarn

ZUSCHNITT
- Stoff 1
  1 Rechteck von 20 x 45 cm
  2 Rechtecke von 20 x 30 cm
- Stoff 2
  1 Rechteck von 20 x 45 cm
- Vlieseinlage
  1 Rechteck von 20 x 45 cm

NAHTZUGABEN
Die Maßangaben beinhalten 1 cm Nahtzugaben.

Förderung

Mit dem Rollenspiel „Handwerk“ können die Großen nachgeahmt werden.

1 **Rechte Tasche:** Einlage auf die linke Seite des Rechtecks in Blau-Weiß gestreift bügeln. Das 20 x 45 cm große Rechteck in Blau rechts auf rechts darauflegen und die Teile an der oberen kurzen Kante zusammennähen.

2 Die Stoffe auseinanderfalten, und mit der linken Stoffseite nach unten auf die Arbeitsfläche legen – das Rechteck in Blau liegt oben. Nun für die Vortasche die Naht 16 cm weit nach oben ziehen und die entstandene Falte flach drücken. Anschließend die untere Kante des Rechtecks in Blau-Weiß gestreift rechts auf rechts falten und kantenbündig an die obere kurze Kante des Rechtecks in Blau legen. Die Stoffe an beiden langen Kanten zusammennähen.

3 Die Tasche wenden und die Nahtzugaben an den offenen Kanten nach innen schieben, bügeln. Um einen Tunnel für das Gurtband zu erhalten, die obere Kante 4 cm breit nach hinten falten und knappkantig feststeppen.

4 Für eine Unterteilung der Vortasche einmal mittig senkrecht durchsteppen.

5 **Linke Tasche:** Die 20 x 30 cm großen Rechtecke in Blau rechts auf rechts legen. Das Gurtband in Rot mit 13 cm Abstand zur oberen Kante zwischen die Lagen schieben, mit den Enden bündig zur Nahtzugabe. Die Lagen an den langen Kanten und der unteren kurzen Kante zusammennähen. Die Nahtzugaben an den Ecken schmal abschneiden und die Tasche wenden.

6 Die Nahtzugaben an den offenen Kanten nach innen schieben, bügeln. Um einen Tunnel für das Gurtband zu erhalten, die obere Kante 4 cm breit nach hinten falten und knappkantig feststeppen.

7 Das Gurtband an den seitlichen Taschenkanten flach legen und jeweils knappkantig feststeppen. Dann die Mehrweite für die Werkzeugschlaufen verteilen und an zwei Unterteilungen senkrecht durchsteppen.

8 Das Gurtband in Blau durch beide Tunnel schieben. Die Gurtenden jeweils durch die beiden Schlitze der Steckschließe schieben. Bei dem festen Teil einschlagen und festnähen. Bei dem verstellbaren Teil lose lassen, nur das Ende zweimal knapp einschlagen und feststeppen, damit es nicht ausfranst.

Mein Tipp für Sie

Bestücken Sie den Werkzeuggürtel ausschließlich mit kindersicherem Spiel-Werkzeug!!

Tragebett für Puppen und Kuscheltiere

Träumen wie auf Wolke 7

GRÖSSE

- 40 cm x 16 cm x 24 cm (Breite x Höhe x Tiefe)
- passend für Kuscheltiere oder Puppen bis zu einer Größe von 35 cm

MATERIAL

- Baumwollstoff 1 in Mint (Bett), 140 cm x 70 cm
- Baumwollstoff 2 in Türkis mit weißen Tupfen (Griffe), 85 cm x 10 cm
- Baumwollstoff 3 in Hellrot (Applikation), 30 cm x 10 cm
- Baumwollstoff 4 in Weiß mit Tupfen-Muster in Schwarz (Bettzeug), 120 cm x 35 cm
- Schaumstoff-Vlies Style-Vil, 65 cm x 120 cm
- Volumenvlies zum Aufbügeln H 640, 65 cm x 120 cm
- Vliesofix, 30 cm x 10 cm
- waschbare Füllwatte
- farblich passendes Nähgarn

ZUSCHNITT

- Stoff 1
  2x das Bodenteil
  2 Streifen von 118 cm x 18 cm für den Rand
- Stoff 2
  2 Streifen von 40 cm x 8 cm für die Tragegriffe
- Schaumstoff-Vlies und Volumenvlies
  je 1x das Bodenteil
  je 1 Streifen von 118 cm x 18 cm für den Rand
- Stoff 3
  2 Rechtecke von 34 cm x 28 cm für die Decke
  2 Rechtecke von 22 cm x 17 cm für das Kissen

NAHTZUGABEN

- Das Bodenteil mit 1 cm Nahtzugaben zuschneiden.
- Die Maßangaben für die weiteren Teile beinhalten 1 cm Nahtzugaben.

SCHNITTMUSTERBOGEN 1B

1 Die Tragegriff-Streifen jeweils längs rechts auf rechts falten und die lange Kanten füßchenbreit zusammennähen. Zum Wenden eine Sicherheitsnadel an einem Ende des Schlauches an der Nahtzugabe befestigen. Die Sicherheitsnadel durch den Stofftunnel schieben, den Stoff dabei mit hindurchziehen, siehe hintere Klappe. Die Tragegriffe flach bügeln.

2 Für die Außentasche das Style-Vil auf die linken Seiten eines Bodenteiles und eines Randteiles legen und rundum innerhalb der Nahtzugabe anheften. Für die Innentasche das Volumenvlies auf die linken Seiten eines Bodenteiles und eines Randteiles bügeln.

3 Die Randteile jeweils an den kurzen Kanten rechts auf rechts zum Ring schließen. Wenden und links auf links flach legen, die Naht liegt an einer Seite. Die Naht und die Bruchkante markieren, das sind vordere und hintere Mitte der kurzen Bodenkanten. Außerdem die Mitten der langen Strecken markieren, das sind die Mitten der langen Bodenkanten.

4 An den langen Strecken des mit Style-Vil verstärkten Randes jeweils mittig eine Wolke applizieren.

5 An den Bodenteilen ebenfalls die Viertel-Markierungen anbringen, je einen Randring rechts auf rechts feststecken und vom Randteil aus festnähen. Dabei an der Innentasche eine 12 cm breite Öffnung lassen. Die Nahtzugaben an den Rundungen einknipsen.

6 Die Griffe jeweils mit 7 cm Abstand links und rechts zu den seitlichen Mitten an einem Randring von rechts feststecken.

7 Eine Tasche auf rechts wenden. Die Taschen rechts auf rechts ineinanderschieben, die oberen Kanten stecken und rundum zusammennähen. Die Tasche durch die Öffnung wenden. Die Wendeöffnung knappkantig oder mit Matratzenstichen schließen. Innentasche links auf links in die Außentasche stülpen.

8 Für das Kissen und die Decke die Rechtecke jeweils rechts auf rechts legen, stecken und rundum zusammennähen, dabei an einer schmalen Kante eine Wendeöffnung von 8 cm Breite auslassen. Die Nahtzugaben an den Ecken schmal abschneiden.

Förderung

Kuscheltiere zu Bett bringen trainiert die eigenen Schlafrituale und die Fürsorge.

9 Decke und Kissen wenden, kuschelig mit Watte ausfüllen. Die Wendeöffnungen knappkantig oder mit Matratzenstichen schließen.

Mein Tipp für Sie

Die Tasche kann auch sehr gut aus Cord genäht werden, dann ist sie etwas stabiler.

Waschhandschuh Pinguin

Einmal Schnabel abwischen bitte!

GRÖSSE
22 cm x 30 cm

MATERIAL
- Frottee 1 in Helltürkis, 70 cm x 30 cm
- Frottee 2 in Hellgelb, 12 cm x 6 cm
- Frottee 3 in Weiß, 16 cm x 25 cm
- Vliesofix, 16 cm x 25 cm
- farblich passendes Nähgarn
- Sticktwist in Schwarz
- spitze Sticknadel

ZUSCHNITT
- Frottee 1
  2x das Handschuh-Teil
- Frottee 2
  1x den Schnabel
- Frottee 3
  1x die Applikation Vorderteil

NAHTZUGABEN
- An den gestrichelt gezeichneten Schnittteil-Kanten 1 cm Nahtzugabe hinzufügen.
- An der Applikation keine Nahtzugabe hinzufügen.

SCHNITTMUSTER-BOGEN 1B

1 Die Applikation auf ein Handschuh-Teil nähen, siehe hintere Klappe.

2 Die Augen mit Sticktwist in Schwarz mit Plattstichen sticken.

3 Die Schnabelteile rechts auf rechts zusammenstecken und an den Seiten und der Spitze zusammennähen. Die Nahtzugaben an der Rundung einknipsen und an der Spitze schmal abschneiden, aber nicht zu kurz, da Frottee leicht ausfranst.

4 Den Schnabel wenden und mit etwas Watte (waschbare Watte verwenden) oder Frottee-Resten füllen. Die Nahtzugaben an den offenen Kanten nach innen falten. Den Schnabel auf das Gesicht stecken und mit Handstichen festnähen.

5 Die unteren Kanten der Handschuh-Teile entsprechend der Markierungslinie nach links falten und die Schnittkante mit breiten Zickzackstichen (3 mm breit, 2 mm lang) festnähen, sodass sie gleichzeitig versäubert wird.

6 Jetzt beide Handschuh-Teile rechts auf rechts stecken und an den offenen Kanten zusammennähen. Die Nahtzugaben einknipsen, an den Flügelspitzen schmal abschneiden. Die Nahtzugaben zusammengefasst versäubern.

Förderung

Mit diesem süßen Pinguin macht das Waschen und Baden ab sofort riesig Spaß, Wasser und Seife können so ganz spielerisch auf den kleinen Körper gelangen.

Affe

Lieblingsspeise? Bananen natürlich!

GRÖSSE
20 cm x 30 cm

MATERIAL
- Baumwollstoff 1 in Grau, 120 cm x 25 cm
- Baumwollstoff 2 in Blau-Weiß-gestreift, 30 cm x 10 cm
- Baumwollstoff 3 in Crème, 12 cm x 10 cm
- Filz in Gelb, 1 mm stark, 30 cm x 12 cm
- Vliesofix, 12 cm x 10 cm
- waschbare Füllwatte
- 5 Magnete, ø 13 mm
- Sticktwist in Schwarz
- spitze Sticknadel
- farblich passendes Nähgarn

ZUSCHNITT
- Baumwollstoff 1
  1x das Vorderteil bei doppelter Stofflage
  1x das Rückteil bei doppelter Stofflage
  2x den Arm bei doppelter Stofflage
  2x das Bein bei doppelter Stofflage
  1x das Ohr bei doppelter Stofflage
- Baumwollstoff 2
  1x das Ohr bei doppelter Stofflage
  1x den Schwanz 18 cm x 6 cm
- Baumwollstoff 3
  1x die Applikation Gesicht
  1x die Applikation Gesicht, gegengleich
- Filz
  6x die Banane

NAHTZUGABEN
- An den Stoffteilen 1 cm Nahtzugabe hinzufügen.
- An den Filzteilen 2 mm Nahtzugabe hinzufügen.

SCHNITTMUSTERBOGEN 2A

1 Die Gesichtsteile auf die Vorderteile applizieren, siehe hintere Klappe. Mit Sticktwist in Schwarz mit Vorstichen den Mund, mit Plattstichen die Augen und mit kleinen Spannstichen die Nasenlöcher sticken. Für die Augen den ganzen Faden verwenden, Mund und Nasenlöcher dreifädig sticken.

2 Für den Schwanz den Streifen an beiden Längskanten erst je 1 cm breit einschlagen, dann an einem kurzen Ende die Kante ebenso einbügeln. Streifen in Längsrichtung mittig falten, die eingeschlagenen Kanten knappkantig zusammensteppen.

3 Jeweils die Vorderteile und die Rückteile rechts auf rechts stecken, den Schwanz entsprechend der Markierung im Schnitt zwischen die Stofflagen des Rückteils schieben, mit den kurzen offenen Kanten bündig zu den Nahtzugaben. Die vordere und rückwärtige Mitte zusammennähen, am Rückteil dabei die Wendeöffnung auslassen. Die Nahtzugaben an den Rundungen einknipsen.

4 Jeweils zwei Arme sowie zwei Beine rechts auf rechts stecken und zusammennähen, dabei die oberen geraden Kanten auslassen. Die Nahtzugaben an den Rundungen, sowie den Innenecken zwischen Daumen und Hand einknipsen und die Teile wenden. Arme und Beine mit Watte ausfüllen – die Arme etwas lockerer, damit sie biegsam bleiben. Dafür nach und nach kleine Watteknäuel mit dem stumpfen Ende eines Bleistiftes einschieben. In jede Hand einen Magnet zwischen die Watteknäuel schieben.

5 Für die Ohren jeweils zwei verschiedenfarbige Stoffteile rechts auf rechts stecken, an den Außenrundungen zusammennähen und die Nahtzugaben einknipsen. Die Ohren wenden und jedes Ohr entsprechend der Markierung im Schnittmuster einmal falten, dabei darauf achten, dass die Ohren anschließend gegengleich sind. Die Falten mit einigen Stichen innerhalb der Nahtzugaben fixieren.

6 Das zusammengesetzte Vorderteil aufgefaltet, mit der rechten Seite nach oben auf die Arbeitsfläche legen. Entsprechend den Markierungen die Beine und Ohren aufstecken, jeweils mit den offenen Kanten bündig zu den Schnittkanten. Bei den Ohren darauf achten, dass der Stoff der Innenohren unten liegt.

7 Das Rückteil rechts auf rechts auf das Vorderteil stecken und die Teile rundum zusammennähen. Die Nahtzugaben an den Rundungen und zwischen Kopf und Körper einknipsen. Den Affen wenden und fest mit Watte ausfüllen. Die Nahtzugaben an der Öffnung nach innen legen und die Bruchkanten mit Matratzenstichen zusammennähen.

Mein Tipp für Sie

Der Affe lässt sich auch gut aus weichem Jersey nähen. Für den Schwanz kann auch eine Kordel verwendet werden.

8 Die Arme so auf den Körper legen, dass sich die Magnete anziehen, wenn die Hände vorne zusammenkommen. Die Nahtzugaben an den offenen Kanten nach innen schieben und die Arme mit Handstichen festnähen.

9 Pro Banane zwei Filzteile aufeinanderstecken und knappkantig zusammennähen, am unteren Ende der Banane die Öffnung auslassen. Einen Magnet zwischen die Filzlagen stecken und nach oben zum Bananenstiel schieben. Die Öffnung zusteppen.

Förderung

Kuscheltiere fördern die Bindungsfähigkeit. Sie können Freunde sein, als Unterstützer dienen und trösten, wenn das nötig sein sollte. Auch als Einschlafhilfe leisten sie gute Dienste, entweder beim Kuscheln oder durch ein Spiel-Ritual.

Gemüsebeet

Alles Neue Ernte!

GRÖSSE

Beet: 30 cm x 12 cm x 20 cm (Breite x Höhe x Tiefe)

Lauch: ca. 3 cm x 25 cm

Karotte: ca. 6 cm x 24 cm

Radieschen: ca. 4 cm x 9 cm

MATERIAL

BEET

- 1 Holzkiste, 30 cm x 12 cm x 20 cm (Breite x Höhe x Tiefe)
- Babycord in Dunkelbraun, 110 cm x 25 cm
- Füllwatte
- farblich passendes Nähgarn

PRO LAUCHSTANGE

- Filz in Creme, 18 cm x 5 cm
- Filz in Hellgrün, 18 cm x 9 cm
- Filz in Dunkelgrün, 18 cm x 14 cm
- Füllwatte
- farblich passendes Nähgarn

PRO KAROTTE

- Filz in Orange, 30 cm x 15 cm
- Filz in Grün, 10 cm x 15 cm
- Filz in Hellgrün, 6 cm x 5 cm
- Füllwatte
- farblich passendes Nähgarn

PRO RADIESCHEN

- Filz in Rosa, 10 cm x 7 cm
- Filz in Grün, 9 cm x 6 cm
- Füllwatte
- Sticktwist in Crème
- spitze Sticknadel
- farblich passendes Nähgarn

ZUSCHNITT

KAROTTE

- Filz in Orange 1x die Karotte
- Filz in Grün 2x das große Blatt
- Filz in Hellgrün 2x das kleine Blatt

RADIESCHEN

- Filz in Rosa 2x das Radieschen
- Filz in Grün 3x das Radieschen-Blatt

BEET

- Filz in Braun 3 Rechtecke von 33 cm x 24 cm

NAHTZUGABEN

- Die Schnittmuster beinhalten 2 mm Nahtzugaben, die Maße 1 cm Nahtzugabe.

SCHNITTMUSTER-BOGEN 2A

Lauch

1 Das cremefarbene und das dunkelgrüne Rechteck an je einer Längsseite (18 cm) auf das hellgrüne Rechteck stecken und knappkantig festnähen. Die Filzteile auseinanderfalten und flach bügeln.

2 Bei dem grünen Rechteck entlang der offenen langen Kante den Filz im Abstand von ca. 1,5 cm regelmäßig 8 cm tief einschneiden.

3 Jetzt die zusammengesetzten Filzteile von einer Längsseite aus fest aufrollen, mit den Nähten innenliegend. Die offene Kante mit Rückstichen auf der Lauchstange festnähen, dabei im dunkelgrünen Bereich die oberen 8 cm offenlassen, damit die Lauchenden schön auseinanderfallen.

Karotte

1 Mit dem Garn in Rot mit Geradstichen die kleinen Rundungen auf das Karotten-Teil steppen.

2 Das Karottenteil rechts auf rechts mittig falten, mit den Seitenkanten bündig, und diese knappkantig schließen. Die Karotte wenden.

3 Knapp neben der oberen Karottenkante mit Vorstichen einen Faden einziehen, das Nahtende nicht sichern, sondern zunächst den Faden mit der Nadel daran hängen lassen.

4 Die Karotte fest mit Watte ausfüllen, dann die Blätter ca. 1,5 cm tief an der Öffnung in die Watte stecken. Anschließend den Faden fest anziehen, um die Öffnung zu verschließen. An der gerafften Kante noch einige Male hin und her stechen, dabei durch die Blätter gehen, damit diese später nicht herausrutschen können. Den Faden sichern und abschneiden.

Radieschen

1 Die beiden Radieschen-Teile aufeinanderlegen und an den Seiten knappkantig zusammennähen. Das Radieschen wenden.

2 Ein Stück Sticktwist in eine spitze Sticknadel einfädeln und ein Fadenende verknoten. Die Nadel zwischen den Stofflagen von innen nach außen durch die Spitze des Radieschens stechen, den Faden einmal durch die Spitze zurück stechen um ihn zu fixieren und ca. 1 cm lang abschneiden.

3 Knapp neben der oberen Radieschenkante mit Vorstichen einen Faden einziehen, das Nahtende nicht sichern, sondern zunächst den Faden mit der Nadel daran hängen lassen.

4 Das Radieschen fest mit Watte ausfüllen, dann die Blätter ca. 1,5 cm tief an der Öffnung in die Watte stecken. Anschließend den Faden fest anziehen um die Öffnung zu verschließen. An der gerafften Kante noch einige Male hin und her stechen, dabei durch die Blätter gehen, damit diese später nicht herausrutschen können. Den Faden sichern und abschneiden.

Mein Tipp für Sie

Die Größe der Beet-Teile können Sie leicht für andere Kistenmaße anpassen: (Breite der Kiste + 3 cm) x (Höhe der Kiste x 2). Die Maße beinhalten bereits 1 cm Nahtzugaben.

Beet

1 Für das Gemüse-Beet die Cord-Rechtecke längs mittig rechts auf rechts falten, an den offenen Kanten füßchenbreit schließen – dabei an einer kurzen Kante eine Wendeöffnung von 6 cm auslassen. Die Nahtzugaben an den genähten Ecken schmal abschneiden.

2 Die Rechtecke wenden und mit Watte ausfüllen. Die Nahtzugaben an den Wendeöffnungen nach innen schieben und mit Matratzenstichen schließen.

3 Die Beet-Teile nebeneinander in die Holzkiste legen.

Förderung

Spielerisch wird gelernt, welches Gemüse in der Erde wächst. Gleichzeitig werden Naturverbundenheit und gesunde Ernährung gefördert.

Hüpfspiel

Wer ist die Hüpfmeisterin oder der Hüpfmeister?

GRÖSSE
68 cm x 230 cm

MATERIAL
- Baumwollstoff 1 in Beige für den Untergrund, 1,40 m x 2,35 m
- Baumwollstoffe 2–10 in verschiedenen bunten Farben für die kleinen Hüpffelder, je 35 cm x 35 cm
- Baumwollstoff 11 in Bunt für das obere Hüpffeld, 70 cm x 35 cm
- Volumenvlies, ca. 5 mm stark, 90 cm x 2,35 m
- farblich passendes Nähgarn
- Karton für eine Bügelschablone, 60 cm x 30 cm

ZUSCHNITT
- Baumwollstoff 1
  2 Rechtecke von 70 cm x 2,32 m (Ober- und Unterseite)
- Baumwollstoffe 2–10
  je 1 Quadrat von 32 cm x 32 cm (Hüpffelder)
- Baumwollstoff 11
  1 Halbkreis mit 31 cm Radius [= ø 62 cm] (oberes Hüpffeld)
- Volumenvlies
  1 Rechteck von 70 cm x 2,32 m
- Karton
  1 Halbkreis mit 30 cm Radius [= ø 60 cm] (Bügelschablone)

NAHTZUGABEN
- Die Zuschnittmaße enthalten 1 cm Nahtzugabe.

1 Für die Hüpffläche zuerst zwei Hüpffeld-Quadrate an einer Kante rechts auf rechts bündig legen und zusammennähen. Die Stoffe auseinanderfalten und die Naht bügeln. Wiederholen Sie den Vorgang noch zweimal, um drei Doppelfelder zu erhalten.

2 Nun, laut Foto, einzelne Hüpffeld-Quadrate rechts auf rechts mittig an die Doppelfelder stecken und nähen. Dabei die Nähte jeweils 1 cm von der Schnittkante entfernt beginnen und 1 cm davor beenden, sodass die Nahtzugaben nicht mitgenäht werden. Das Halbkreis-Hüpffeld an das oberste Doppelfeld nähen.

3 Die Außenkanten der Hüpffläche rundum 1 cm breit nach links bügeln. (Siehe „Rundungen bügeln …“, hintere Klappe). Die Hüpffläche mittig auf ein Rechteck aus Stoff 1 legen, glatt feststecken und knappkantig aufsteppen.

4 Nun das zweite Rechteck aus Stoff 1 rechts auf rechts obenauf legen und darauf das Volumenvlies legen. Die Lagen rundum zusammennähen, dabei an einer kurzen Kante mittig eine ca. 30 cm große Wendeöffnung lassen. Nahtzugaben an den Ecken schräg abschneiden.

5 Hüpfspiel wenden. Ecken und Kanten sauber ausformen. Die Wendeöffnung knappkantig oder mit Matratzenstichen schließen.

6 Um die Lagen zu verbinden, am Außenrand aller Hüpffelder im Nahtschatten bzw. in der Naht durchsteppen.

Mein Tipp für Sie

Die Wurfsäckchen von Seite 12 lassen sich auch sehr gut für das Hüpfspiel verwenden.

Mein Tipp für Sie

Damit das Hüpfspiel auf einem glatten Untergrund nicht wegrutscht, unbedingt eine Anti-Rutsch-Matte unterlegen. Diese gibt es günstig im Teppich- und Baufachhandel zu kaufen. Die Matte auf die passende Größe zurechtschneiden und evtl. auf der Unterseite des Hüpfspiels mit einzelnen Handstichen befestigen.

Förderung

Geübt werden Springen und das Hüpfen auf einem Fuß/Bein.

Frisbee

fliegt auf und davon

GRÖSSE
ø 22 cm

MATERIAL
- Baumwollstoff 1, 25 cm x 25 cm
- Baumwollstoff 2, 25 cm x 25 cm
- Bleiband (Gardinenzubehör), ø 4 mm, 80 cm lang
- farblich passendes Nähgarn

ZUSCHNITT
- Stoff 1
  1x Kreis mit ø 24 cm
- Stoff 2
  1x Kreis mit ø 24 cm

NAHTZUGABEN
Das Maß beinhaltet 1 cm Nahtzugabe.

Förderung

Mit dem Frisbee kann Werfen und Fangen geübt werden.

1 Die Stoffkreise rechts auf rechts stecken und rundherum zusammennähen, dabei eine Wendeöffnung von 6 cm auslassen.

2 Die Nahtzugaben etwas zurückschneiden und rundherum einknipsen.

3 Das Frisbee wenden und bügeln, die Nahtzugaben nach innen schlagen und ebenfalls bügeln.

4 Mit 1,5 cm Abstand zur äußeren Kante das Frisbee rundherum absteppen um einen Tunnel für das Bleiband zu erhalten. Das Bleiband mit Hilfe einer Sicherheitsnadel, die an einem Bandende befestigt wird, in den Tunnel einfädeln.

5 Das Band anschließend auf die passende Länge kürzen, sodass sich die Enden noch etwas überlappen. An beiden Enden des Bandes einige Bleiteile herauslösen und die Stoffschlauchenden mit Handstichen miteinander vernähen.

6 Zuletzt die Wendeöffnung mit Matratzenstichen schließen.

Mein Tipp für Sie

Das Frisbee passt in jede Hosentasche. Gegebenenfalls ist es leicht zu reinigen, denn das Bleiband ist bei 30 °C waschbar.

Steckenpferd

Hü-hott, wir reiten aus!

GRÖSSE

35 cm x 35 cm (ohne Stab)

MATERIAL

- Baumwollstoff 1 in Weiß mit Muster in Schwarz, 140 cm x 40 cm
- Baumwollstoff 2 in Grün, 140 cm x 15 cm
- Füllwatte
- 2 Sicherheitsaugen, ø 3 cm
- Wolle in Gelb
- Bügelvlies H 250, 20 cm x 15 cm
- farblich passendes Nähgarn
- 1 Turnstab aus Holz, ø 25 mm, 1 m lang
- 2 Schlüsselringe in Silber, ø 32 mm

ZUSCHNITT

- Baumwollstoff 1
  1x den Kopf bei doppelter Stofflage
  2x das Ohr bei doppelter Stofflage
- Baumwollstoff 2
  1 Streifen von 11 cm x 6 cm für den Gebissriemen
  1 Streifen von 23 cm x 6 cm für den Nasenriemen
  1 Streifen von 44 cm x 6 cm für das Genick-/Backenstück
  1 Streifen von 95 cm x 6 cm für den Zügel
- Bügelvlies
  2x das Ohr
  2 Quadrate von 3 cm x 3 cm für die Augen

NAHTZUGABEN

An allen Schnittteilen 1 cm Nahtzugabe geben. Die Maßangaben für die Streifen enthalten bereits 1 cm Nahtzugaben.

SCHNITTMUSTERBOGEN 1B

1 Auf zwei linke Seiten der Ohr-Teile das Bügelvlies bügeln. Die Quadrate jeweils im Augenbereich auf die linken Seiten der Kopfteile bügeln. Um die Augen befestigen zu können entsprechend der Markierung Löcher mit ø 3 mm einstanzen oder kleine Kreuze schneiden (je 3 mm lange Diagonalen).

2 Jeweils ein verstärktes und ein unverstärktes Ohrteil rechts auf rechts stecken und an den Seiten zusammennähen. Die Nahtzugaben an der Spitze schmal abschneiden, an den Seiten V-förmig einknipsen. Die Ohren wenden und bügeln.

3 An den Kopfteilen die Abnäher rechts auf rechts falten, die Ohren entsprechend der Markierungen zwischen die Lagen schieben. Die Abnäher schließen.

4 Für die Mähne 15 cm lange Stücke von der Wolle abschneiden. Ein Kopfteil mit der rechten Seite nach oben auf die Arbeitsfläche legen, die Wollfäden am oberen Kopfbereich und dem Hals auflegen, zur Nahtzugabe bündig und mit Heftstichen an der Nahtzugabe fixieren. Das zweite Kopfteil rechts auf rechts auflegen, rundum zusammennähen, dabei die markierte Öffnung für den Kordel-Tunnel auslassen.

5 Die untere Kante entsprechend der Faltlinie nach links falten und 2 cm breit feststeppen. Den Pferdekopf wenden.

6 Ein Kordelende mit etwas Klebestreifen umkleben, eine Sicherheitsnadel anbringen und die Kordel damit durch den Tunnel schieben. Die Kordelenden einzeln verknoten.

7 Die Augen entsprechend der Hersteller-Anleitung befestigen.

8 Den Pferdekopf mit Watte ausfüllen und auf den Stab schieben. Die Kordel zusammenziehen und mit einer Schleife fixieren.

9 Für das Zaumzeug die Streifen an jeweils beiden Längskanten 1 cm breit nach links falten und bügeln, anschließend längs mittig falten und ebenfalls bügeln. Die offenen langen Kanten knappkantig zusammensteppen, die kurzen Kanten versäubern. Die Streifen jeweils an beiden Enden 2 cm umschlagen, um den Schlüsselring legen (siehe Foto) und feststeppen. Zaumzeug um den Kopf legen.

Mein Tipp für Sie

Vielleicht hat das Kind Lust, bei einem Ausflug in den Wald selbst einen geeigneten Stock für das Steckenpferd zu suchen?

Förderung

Grob- und Feinmotorik werden geübt: Gleichzeitig den Holzstab oder die Zügel halten und dabei laufen oder springen.

Flügel

Zum Abheben schön!

GRÖSSE
50 cm x 40 cm

MATERIAL
- Baumwollstoff in Gelb mit weißen Tupfen, 150 cm x 45 cm
- Volumenvlies 295, 55 cm x 45 cm
- Gummilitze, 2 cm breit, 60 cm lang
- farblich passendes Nähgarn

ZUSCHNITT
- Baumwollstoff
  2x den Flügel im Stoffbruch
  2 Trägerstreifen von 50 cm x 6 cm
- Volumenvlies
  1x den Flügel im Stoffbruch

NAHTZUGABEN
- An den Flügelteilen 1 cm Nahtzugabe hinzufügen.
- Das Streifenmaß enthält bereits 1 cm Nahtzugabe.

SCHNITTMUSTER-BOGEN 1A

Förderung

Ob Schmetterling, Fee oder Elf – der Fantasie sind keine Grenzen gesetzt ...
Auch die Motorik wird gefördert, da das Kind zum Laufen und Nachahmen von Flügelbewegungen animiert wird.

1 Für die Träger die Streifen längs rechts auf rechts falten und die langen Kanten zusammennähen. Zum Wenden eine Sicherheitsnadel an einem Ende des Schlauches an der Nahtzugabe befestigen. Die Sicherheitsnadel durch den Stofftunnel schieben, den Stoff dabei mit hindurchziehen, siehe hintere Klappe.

2 Die Gummilitze halbieren. Um sie einzuziehen, jeweils eine Sicherheitsnadel an einem Ende befestigen und mit der Litze durch die Stofftunnel schieben. Nahtzugaben und Enden der Litzen mit einigen Maschinenstichen aufeinander fixieren.

3 Die Flügelteile rechts auf rechts legen und das Volumenvlies auf die linke Stoffseite der oberen Stofflage legen. Die Träger entsprechend der Markierungen im Schnittmuster am oberen Rand zwischen die Stofflagen schieben, mit den kurzen Kanten bündig zur Nahtzugabe, alles zusammenstecken.

4 Die Flügel rundum zusammennähen, die Wendeöffnung auslassen. Die Nahtzugaben an den Rundungen und Innenecken einknipsen. Flügel wenden. Die Nahtzugaben an der Öffnung nach innen schieben, die Trägerenden entsprechend der Markierungen im Schnittmuster ebenfalls im Bereich der Öffnung zwischen die Stofflagen schieben. Die Öffnung knappkantig schließen, dabei die Träger befestigen.

5 Die Stofflagen rundherum mit 1,5 cm Abstand zur äußeren Kante absteppen. Anschließend die Formen aus dem Schnittmuster mit Schneiderkreide oder einem Trickmarker auf die Flügel übertragen und ebenfalls absteppen. Damit die Lagen beim Nähen nicht verrutschen, diese vorher mit einigen Stecknadeln fixieren.

Mein Tipp für Sie

Bei dickeren Stofflagen zum Absteppen/Quilten eine Stichlänge von 3–4 mm einstellen.

Ritterhaube

Es war einmal ...

GRÖSSE
35 cm hoch; 46–48 cm oder 49–52 cm Kopfumfang

MATERIAL
- Baumwollstoff in Hellgrau, 140 cm x 45 cm
- Schrägband in Rot, 110 cm lang
- Bügelvlies H 250, 90 cm x 105 cm
- Klettband in Weiß, 2 cm breit, 5 cm lang
- farblich passendes Nähgarn

ZUSCHNITT
- Baumwollstoff
  2x das Vorderteil bei doppelter Stofflage
  2x das Seitenteil bei doppelter Stofflage
  2x das Rückteil bei doppelter Stofflage
- Bügelvlies
  2x das Vorderteil bei doppelter Stofflage
  2x das Seitenteil bei doppelter Stofflage
  2x das Rückteil bei doppelter Stofflage

NAHTZUGABEN
An den unteren Kanten (= durchgezogen Linien) keine Nahtzugabe, an den restlichen Kanten 1 cm Nahtzugabe hinzufügen.

SCHNITTMUSTER-BOGEN 2B

1 Alle Teile mit Bügelvlies verstärken.

2 Für eine Hälfte der Außenkapuze ein Rückteil rechts auf rechts an ein Seitenteil stecken und die Naht schließen. Ein Vorderteil ebenso an das Seitenteil steppen. Nahtzugaben einknipsen und auseinanderbügeln. Für die zweite Hälfte der Außenkapuze auf gleiche Weise die gegengleichen Rück-, Seiten- und Vorderteile zusnähen.

3 Kapuzenhälften rechts auf rechts legen und die rückwärtige Naht schließen. Nahtzugaben einknipsen und auseinanderbügeln.

4 Innenkapuze wie die Außenkapuze nähen.

5 Innen- und Außenkapuze rechts auf rechts stecken, mit den vorderen Kanten bündig und diese in einem Zug schließen. Die Nahtzugaben einknipsen, die Kapuze links auf links wenden und die vordere Kante im Nahtbruch flach bügeln.

6 Die unteren Kanten links auf links heften und mit Schrägband einfassen.

7 Zuletzt die Klettstücke auf den Vorderteilen festnähen, dabei ein Teil auf der Innenseite und ein Teil auf der Außenseite der Kapuze anbringen, damit sich die Vorderteile beim Schließen überlappen.

Förderung

Rollenspiele regen die Fantasie an und wecken Interesse an Geschichten, hier z. B. über Ritter und ihre Abenteuer.

Krone

royaler Kopfschmuck

GRÖSSE
11 cm hoch, Umfang 46–48 cm, (49–51 cm), [53–54 cm]

MATERIAL
- Babycord in Grün mit weißen Tupfen, 100 cm x 15 cm
- Baumwollstoff in Hellgrün, 50 cm x 10 cm
- Bügelvlies H 250, 45 cm x 10 cm
- Gummilitze, 2 cm breit, Länge siehe Angaben bei Zuschnitt
- Füllwatte
- farblich passendes Nähgarn

ZUSCHNITT
- Babycord
  1x die Krone im Stoffbruch (Innenseite)
  1x das obere Kronenteil im Stoffbruch (Außenseite)
- Baumwollstoff
  1x das untere Kronenteil im Stoffbruch (Außenseite)
  1x Nackenband 9 cm x 6 cm, (13,5 cm x 6 cm), [18 cm x 6 cm]
- Bügelvlies H 250
  1x die Krone im Stoffbruch
- Gummilitze
  1 Stück à 6 cm, (9 cm), [12 cm]

NAHTZUGABEN
- An den Kronenteilen 1 cm Nahtzugabe hinzufügen.
- Streifen-/ und Litzenmaß enthalten bereits 1 cm Nahtzugabe.

SCHNITTMUSTERBOGEN 2A

1 Für die äußere Krone das untere Kronenteil rechts auf rechts an die untere Kante des oberen Kronenteiles nähen, Nahtzugaben in das untere Kronenteil bügeln.

2 Die innere Krone mit Bügeleinlage verstärken. Innere und äußere Krone rechts auf rechts stecken, an den Spitzen und der unteren Kante zusammennähen. Die Nahtzugaben an den Spitzen schmal abschneiden, an den Vertiefungen bis kurz vor die Naht einschneiden. Die Krone wenden und bügeln.

3 An den Seitenkanten die Nahtzugaben nach innen schieben und die Kanten aufeinanderstecken.

4 Die Krone auf dem oberen Kronenteil im Nahtschatten durchsteppen. Den so entstandenen „Tunnel" des unteren Kronenteils mit Watte ausfüllen.

5 Für das Nackenband den 6 cm breiten Streifen längs rechts auf rechts falten und die lange Kanten zusammennähen. Zum Wenden eine Sicherheitsnadel an einem Ende des Schlauches an der Nahtzugabe befestigen. Die Sicherheitsnadel durch den Stofftunnel schieben, den Stoff dabei mit hindurchziehen.

6 Die Gummilitze mit Hilfe einer Sicherheitsnadel in das Nackenband einziehen. An den kurzen Kanten jeweils die Nahtzugaben und die Enden der Litze mit einigen Maschinenstichen aufeinander fixieren.

7 Das Nackenband an den Seitenkanten je 1 cm weit zwischen die Stofflagen des unteren Kronenteils schieben und feststecken. Jeweils die gesamte Seitenkante der Krone knappkantig schließen.

Mein Tipp für Sie

Mit einer weichen und gut dehnbaren Litze sitzt die Krone besonders bequem am Kopf.

Förderung

Die Krone eignet sich für verschiedene Rollenspiele, und kann bei „besonderen Anlässen" das Selbstwertgefühl des Kindes steigern.

Förderung

Mit diesem Spiel werden der Tastsinn, die Feinmotorik und auch das logische Denken geschult.

Mein Tipp für Sie

Zusammengefaltet passt das Spiel in jede Reisetasche und eignet sich gut für unterwegs.

Murmel-Fühlspiel

Wer findet den Weg?

GRÖSSE
30 cm x 30 cm

MATERIAL
- Sweatshirt-Stoff in Senf, 90 cm x 45 cm
- Baumwollstoff in Helltürkis mit weißen Sternen, 35 cm x 12 cm
- Baumwollstoff in Rot, 25 cm x 12 cm
- Textilfilz in Blau, 1–2 mm stark, 10 cm x 20 cm
- Band in Blau, 1 cm breit, 60 cm lang
- Klarfolie, 0,2 mm stark, 10 cm x 10 cm
- farblich passendes Nähgarn
- 3 Murmeln, ø 15 mm

ZUSCHNITT
- Sweatshirt-Stoff
  1x das Labyrinth komplett (Unterseite)
  1x das Labyrinth ohne die ¼ Kreise an den Ecken (Oberseite)
- Baumwollstoff in Blau mit weißen Sternen
  2x den ¼ Kreis
- Baumwollstoff in Rot
  2x den ¼ Kreis
- Textilfilz
  2x den Beleg, die Sterne herausschneiden
- Klarfolie
  2x Kreis
- Band
  2x 30 cm

NAHTZUGABEN
Die Kreise für Klarfolie und Beleg enthalten bereits Nahtzugaben. Alle weiteren Teile mit 1 cm Nahtzugaben ausschneiden.

SCHNITTMUSTERBOGEN 1A

1 Je einen Filzkreis mit Sternausschnitt auf einen Kreis aus Klarfolie legen und beides zusammen von rechts über den Kreisausschnitt auf ein ¼ Kreis-Segment legen. Die Kreisaußenkante sowie den Sternausschnitt knappkantig feststeppen (Stichlänge 3 mm). Falls der Transporteur die Klarfolie nicht richtig fasst, etwas dünnes Transparentpapier auf die Fläche legen oder ein Teflon-Füßchen verwenden.

2 Nun die ¼ Kreise, jeweils mit der gerundeten Kante, rechts auf rechts an die Ausschnitte der Labyrinth-Oberseite stecken und nähen. Die Nahtzugaben einschneiden, in das ¼ Kreisteil bügeln und die Naht knappkantig absteppen. Die Linien für die Labyrinthgänge mit Schneiderkreide/Trickmarker (oder Kreidepapier und Kopierrädchen) auf die Oberseite übertragen.

3 Die ¼ Kreise in Rot an zwei Ecken kantenbündig links auf links auf die Labyrinth-Unterseite stecken (passend zur Oberseite) und innerhalb der Nahtzugaben rundum mit breiten Zickzackstichen (4 mm breit, 2,5 mm lang) festnähen.

4 Labyrinth-Ober- und Unterseite rechts auf rechts legen, feststecken und bei einem ¼ Kreis seitlich die Bänder zwischen die Lagen schieben. Rundum nähen, dabei die Wendeöffnung auslassen. An den Ecken die Nahtzugaben schräg abschneiden. Die Nahtzugaben versäubern.

5 Das Labyrinth wenden, ausformen und flach bügeln. Die Gänge mit Kopierpapier und einem Kopierrädchen übertragen und anschließend durchsteppen (Nahtanfang und -ende jeweils gut sichern!).

6 Die Murmeln an der Wendeöffnung einschieben und diese dann mit Matratzenstichen schließen.

7 Zum „Aufräumen“ das Labyrinth einmal mittig falten, dann, von der den Bändern gegenüberliegenden Seite aus einrollen. Die Bänder um die Rolle zur Schleife binden.

Verbandszeug

ganz schnell wieder gesund

GRÖSSE

- Verband: 60–110 cm x 5 cm
- „Gips"-Stulpe: variable Größe

MATERIAL

- Baumwollstoff für den Verband, 65–115 cm x 15 cm
- Jersey-Frottee in Weiß, 140 cm x 30 cm
- farblich passendes Klettband, 2 cm breit, 12 cm lang
- farblich passendes Nähgarn

NAHTZUGABEN

Alle Maße enthalten 1 cm Nahtzugaben.

ZUSCHNITT

- Baumwollstoff für den Verband
  2 Streifen von 60–110 cm x 7 cm
- Jersey-Frottee für die „Gips"-Stulpe ((2x Höhe der Stulpe) + 2 cm)) x (mittlerer Umfang Arm/oder Bein + 2 cm)

1 Für die „Gips"-Stulpe den Jersey-Frottee längs rechts auf rechts falten und an der langen Kante zusammennähen.

2 Den entstandenen Schlauch, von einer kurzen Kante aus, bis zur Hälfte umschlagen und links auf links über das restliche Schlauchstück schieben. Die Nahtzugaben an den offenen Kanten nach innen falten und diese rundum mit Zickzackstichen oder lockeren Überwendlingsstichen schließen, um die Dehnbarkeit zu erhalten.

3 Für den Verband die Streifen rechts auf rechts stecken und entlang der langen Kanten zusammennähen. Die Streifen mit Hilfe einer Sicherheitsnadel wenden (siehe hintere Klappe), dann flach bügeln. Die kurzen Kanten 1 cm breit nach innen einschlagen und ebenfalls bügeln.

4 Die kurzen Kanten jeweils knappkantig schließen.

5 Das Flauschband mit ca. 16 cm Abstand zu einer kurzen Kante mittig mit Geradstichen auf den Verband nähen. Von dem Hakenband ein 6 cm langes Stück abschneiden und mit 1 cm Abstand zur gleichen kurzen Kante auf die andere Seite des Verbandes nähen.

6 Für einen „richtigen" Gipsverband zuerst die Gips-Stulpe überziehen, diese anschließend mit dem farbenfrohen Verband umwickeln.

Mein Tipp für Sie

Am besten gleich eine Auswahl an Verbänden und mehrere Stulpen in verschiedenen Breiten und Längen nähen, so bringt das Spielen noch mehr Spaß.

Förderung

Beim Rollenspiel „Verarzten“ kann auch der Umgang mit eigenen kleinen Wehwehchen geschult werden.

Ina Andresen ist in Hamburg geboren und hat bereits im Alter von fünf Jahren ihre erste Nähmaschine erhalten. Dieses Modell, das noch per Handrad angetrieben wurde, hatte ihr der Vater aus England mitgebracht. So nähte sie bereits in ganz jungen Jahren Kleider für ihre Puppen und Kuscheltiere. Nach dem Abitur hat sie schließlich Mode-Design studiert und außerdem das professionelle Nähen bei der Couture-Schneiderin Eva-Maria Zorn in Hamburg gelernt. Zu dieser Zeit hat sie die alte gusseiserne Nähmaschine der Großmutter bekommen, auf der sie heute noch näht und die ein wunderbares Stichbild hat. Heute lebt Ina Andresen mit ihrer Familie in Ottenhöfen im Schwarzwald.

DANKE!

Wir bedanken uns bei den folgenden Firmen für die freundliche Zusammenarbeit:
Buttinette Textil-Versandhaus GmbH (www.buttinette.de)
Westfalenstoffe AG (www.westfalenstoffe.de)
Rayher Hobby GmbH (www.rayher.com)

TOPP – Unsere Servicegarantie

WIR SIND FÜR SIE DA! Bei Fragen zu unserem umfangreichen Programm oder Anregungen freuen wir uns über Ihren Anruf oder Ihre Post. Loben Sie uns, aber scheuen Sie sich auch nicht, Ihre Kritik mitzuteilen – sie hilft uns, ständig besser zu werden.

Bei Fragen zu einzelnen Materialien oder Techniken wenden Sie sich bitte an unseren Kreativservice, Frau Erika Noll.
mail@kreativ-service.info
Telefon 0711 / 123 757 20

Das Produktmanagement erreichen Sie unter:
pm@frechverlag.de
oder:
frechverlag
Produktmanagement
Turbinenstraße 7
70499 Stuttgart
Telefon 07 11 / 8 30 86 68

LERNEN SIE UNS BESSER KENNEN! Fragen Sie Ihren Hobbyfach- oder Buchhändler nach unserem kostenlosen Magazin **Meine kreative Welt**. Darin entdecken Sie dreimal im Jahr die neuesten Kreativtrends und interessantesten Buchneuheiten.

Oder besuchen Sie uns im Internet! Unter **www.topp-kreativ.de** können Sie sich über unser umfangreiches Buchprogramm informieren, unsere Autoren kennenlernen sowie aktuelle Highlights und neue Kreativtechniken entdecken, kurz – die ganze Welt der Kreativität.

Kreativ immer up to date sind Sie mit unserem monatlichen **Newsletter**. Für aktuelle Infos, Gratis-Anleitungen und Gewinnspiele gleich anmelden unter **www.TOPP-kreativ.de/Newsletter**

IMPRESSUM

FOTOS: frechverlag GmbH, 70499 Stuttgart; Ina Andresen (Detailfotos); lichtpunkt, Michael Ruder, Stuttgart
PRODUKTMANAGEMENT: Lisa-Marie Weigel
LEKTORAT und ILLUSTRATIONEN: A. Reuß, Karlsruhe
HERSTELLUNG: Konstanze Laue
GESTALTUNG: Fotosatz H. Buck
DRUCK: POLYGRAF PRINT spol. s r.o.

1. Auflage 2022

ISBN 978-3-7724-6865-0 • Best.-Nr. 6865